AF296025

PLUS DE LOIS

DE

SURETÉ GÉNÉRALE

PÉTITIONS

ADRESSÉES AU SÉNAT

PAR

LE MENDIANT EN HABIT NOIR

de la Chambre des représentants belges

SUIVIES

DU COMPTE — RENDU DU MONITEUR

« La liberté individuelle ne peut exister sans la liberté de poursuivre tout agent qui concourt à un acte arbitraire. »
(Paroles de M. Thiers : Corps législatif, séance du lundi 26 février 1866.)

PARIS

CHEZ TOUS LES LIBRAIRES

TENANT LES NOUVEAUTÉS RARES ET CURIEUSES

1866

PREMIÈRE PÉTITION

PORTANT LA DATE DU 1er OCTOBRE 1864, ET ENVOYÉE PAR LA POSTE DE VERSAILLES LE 28 SEPTEMBRE PRÉCÉDENT.

SOMMAIRE.

Lois sur l'enregistrement et le timbre.
Modifications proposées.

Le soussigné a l'honneur de demander au Sénat que l'on supprime, en matière d'enregistrement, le décime, et surtout le double décime, le demi-décime ou toute autre taxe de cette nature ; et que, pour compenser la perte que le trésor éprouvera, la loi fondamentale du 22 frimaire an VII soit modifiée de la manière suivante :

Premièrement. — Les dispositions de la loi belge énoncées aux pages 19 à 30 de la brochure ci-jointe (*Comparaison de la loi belge et de la loi française en matière de droits de succession*) seraient introduites, du moins en substance, dans la législation française, sauf ce qui est dit à la page 25, nombre 13, et auraient pour but de combler une lacune regrettable.

De toutes ces améliorations, la plus essentielle est celle-ci :

(Page 153 de la brochure.)

« Pour toutes les transmissions d'immeubles, spécialement
« en matière de succession, de donation et d'échange, les
« droits d'enregistrement seraient perçus sur la valeur vénale
« déterminée d'après le cadastre.

« Cette valeur ne pourrait être inférieure soit aux prix de
« vente et de licitation, et aux soultes d'échange et de partage,
« selon les bases actuellement adoptées, et s'il s'agissait de

« mutations à titre onéreux, soit, dans tous les cas, à un capi-
« tal formé de vingt fois le produit annuel des biens ou le prix
« des baux courants, pour les propriétés bâties, et de trente
« fois pour les propriétés non bâties, sans distraction des
« charges imposées au locataire ou au fermier. »

En Belgique et pour les successions en ligne directe (page 16 de la brochure), la valeur imposable des immeubles, c'est-à-dire la valeur vénale, est fixée par la loi, d'après le rapport moyen du revenu cadastral à la valeur vénale.

Il devrait en être de même en France ; et cette mesure devrait, en outre, s'appliquer, ainsi qu'on l'a énoncé ci dessus, à toutes les transmissions d'immeubles.

Le soussigné demande, en définitive, que, dans tous les cas, l'on prenne pour base de la perception des droits la valeur vénale, et il ne proposerait de se servir du cadastre que comme d'un moyen de prévenir la fraude.

Deuxièmement. — Dans les cas où l'on conserverait la faculté de l'expertise, le pétitionnaire propose d'adopter en France, *pour les immeubles seulement*, l'art. 19 de la loi belge du 17 décembre 1851, moins le dernier paragraphe (V. les pages 12 et 153 à 156 de ma *Comparaison de la loi belge).*

Troisièmement. — Enfin, d'après les motifs énoncés aux pages 26, 30 et ailleurs, et à raison de la trop grande multiplicité des lois qui, *en matière d'enregistrement et de timbre*, s'abrogent ou se modifient partiellement ou en totalité les unes par les autres, à tel point que, dans bien des cas, les gens mêmes du métier ne savent pas déterminer au juste l'impôt qui est dû et sont obligés, en coupant le nœud gordien, de percevoir cet impôt à tort et à travers, le soussigné prend la liberté de demander encore au Sénat qu'il soit présenté :

1° Une loi générale sur les droits de timbre ;

2° Et une loi générale sur les droits d'enregistrement, *spécialement pour les successions et les donations.*

L'administration supérieure des domaines compte des employés très-intelligents et très-instruits qui sont parfaitement en état de refondre, *avec un peu de bonne volonté*, toutes les lois sur l'enregistrement et le timbre, et de les réduire à deux lois générales, comme on l'a fait en l'an vii, l'une sur le timbre, l'autre, et la plus importante, sur l'enregistrement.

Indépendamment de l'ouvrage ci-joint (*Comparaison de la loi belge et de la loi française en matière de droits de succession*), on pourrait, pour les développements et comme motifs à l'appui, consulter un autre ouvrage dont je suis également l'auteur, ouvrage de 249 pages in-8°, imprimé à Paris par Blondeau, en 1857, avec ce titre : *Des réformes urgentes à opérer dans l'administration de l'enregistrement et des domaines.*

Il ne reste au pétitionnaire aucun exemplaire de ce dernier ouvrage; mais M. Bosc, ancien chef du personnel, actuellement chef de division à l'Administration des Domaines (1), doit en posséder un exemplaire, ainsi que d'autres employés supérieurs de la même administration.

Le motif principal de percevoir le droit proportionnel d'enregistrement, dans tous les cas, sur la valeur vénale, est celui-ci :

D'après l'art. 4 de la loi du 22 frimaire an vii, le droit proportionnel est assis sur les *valeurs ;* en sorte que, pour les successions, les donations et les échanges d'immeubles, le capital formé, selon le vœu de l'art. 15 de la même loi, de vingt fois le revenu des biens, est maintenant inférieur des deux cinquièmes (2/5es) à la valeur vénale, excepté pour les maisons des grandes villes; ce qui a pour résultat de répartir l'impôt d'une manière inégale et de priver le gouvernement d'une ressource précieuse; car les immeubles ne produisent maintenant, en moyenne, que trois pour cent, au lieu qu'en l'an vii ils produisaient généralement cinq et même six pour cent et au-delà.

OBSERVATIONS RELATIVES A CETTE PREMIÈRE PÉTITION.

La pétition que l'on vient de transcrire et l'ouvrage qui lui sert de base ont paru dignes d'intérêt, puisque nous avons reçu, de la part de M. Benoist, secrétaire du Sénat, une lettre dont

(1) M. Bosc a été depuis, et dans le courant du mois de janvier 1866, nommé directeur de l'Enregistrement, des Domaines et du Timbre à Angers (Maine-et-Loire).

l'original a été présenté aux magistrats de la Cour impériale de Paris (Chambre des appels de police correctionnelle), à l'audience publique du jeudi 17 août 1865.

Copie textuelle de la lettre dont il s'agit :

SÉNAT.

Service des pétitions.

Paris, le 13 mai 1865.

A M. Roustan, libraire à Versailles.

Monsieur,

Je désirerais avoir, pour les besoins du service, un exemplaire de la brochure que vous avez envoyée au Sénat, et qui est intitulée : *Comparaison de la loi belge et de la loi française.*

Veuillez, je vous prie, faire parvenir cet exemplaire au secrétariat, sous le couvert de S. E. M. le président du Sénat, le plus promptement possible (1).

Recevez, monsieur, l'assurance de ma considération distinguée.

BENOIST.

(1) Ce deuxième exemplaire a été envoyé au Sénat le dimanche 14 mai 1865.

DEUXIÈME PÉTITION ADRESSÉE AU SÉNAT

Versailles, le 14 octobre 1864.

SOMMAIRE

I

Saisie arbitraire d'un ouvrage imprimé à Bruxelles en 1859.

II

Amendes et condamnations de toute nature à recouvrer désormais par les percepteurs des contributions directes.

En vertu de l'art. 45 de la Constitution, et autant dans l'intérêt du gouvernement que des redevables et des communes, le soussigné, Honoré-Joseph-Fortuné ROUSTAN, ancien receveur de l'Administration française de l'Enregistrement et des Domaines, actuellement libraire à Versailles, rue d'Anjou, nº 12, a l'honneur de demander au Sénat que le recouvrement des condamnations de toute nature, même en matière forestière, prononcées au profit de l'Etat, des communes et des établissements publics, soit par les tribunaux, soit par les conseils de guerre, les conseils de préfecture et autres juridictions. recouvrement actuellement confié aux préposés de l'Enregistrement et des Domaines, soit désormais attribué aux percepteurs des contributions directes.

Les motifs à l'appui de la pétition, et que l'on va énoncer, sont tirés textuellement d'un ouvrage de seize feuilles in-8º, imprimé en 1859, par M. Guyot, rue de Pachéco, nº 12, à Bruxelles, sous ce titre : *De l'insuffisance du traitement des préposés de l'Enregistrement et des Domaines, 2º livraison.*

L'introduction en France de cet ouvrage, dont le pétitionnaire est l'auteur et *dont il a toujours accepté la pleine responsabilité devant les tribunaux de son pays*, a été prohibée arbitrairement (car on ne sait point en vertu de quelle loi), par décision du ministre de l'intérieur, provoquée, en 1859, par M. Tournus, alors directeur général de l'Enregistrement, des Domaines et du Timbre.

Le pétitionnaire se voit dans la pénible nécessité, par suite de ce déni de justice dans lequel on a persisté (*malgré des réclamations faites au ministère de l'intérieur*), d'importuner le Sénat de plaintes et de propositions que l'on trouvera peut-être justes et rationnelles.

En 1859, le soussigné résidait à Valenciennes, département du Nord. A raison de sa présence sur le territoire français, il ne pouvait être mis hors du droit commun et être dépouillé, arbitrairement et en violation de toute justice, de la propriété d'un ouvrage traitant d'économie sociale, de projets de réformes, mais ne contenant, d'après lui, rien de contraire aux lois. Le soussigné entend donc, au besoin, demander au Sénat justice sur ce premier chef.

L'ouvrage sur l'*Insuffisance des traitements*, 2ᵉ *livraison*, ayant été saisi arbitrairement, sans qu'aucune poursuite ni condamnation s'en soient suivies contre l'auteur, celui-ci ne peut joindre à sa demande aucune partie de l'ouvrage. Mais des exemplaires complets doivent se trouver bien certainement soit au ministère de l'intérieur, à Paris, soit au parquet de Valenciennes, département du Nord.

Voici, maintenant, les motifs du deuxième et principal objet de notre requête :

MOTIFS A L'APPUI DE LA PRÉSENTE PÉTITION.

(Pages 215 à 217 de la 2ᵉ livraison de l'*Insuffisance des traitements*.)

« La mesure proposée aurait pour résultat, *sans rien coûter au Trésor*, d'alléger considérablement les travaux et la comptabilité des receveurs de l'Enregistrement et des Domaines, et, par suite, d'augmenter d'une manière indirecte leurs traitements, en réduisant et leurs frais de commis et leurs autres frais de bureau.

« Les percepteurs étant très-bien rétribués et leurs places étant aujourd'hui, pour beaucoup d'entre eux, des demi-sinécures, il n'y aurait aucune espèce d'injustice à les obliger, comme nous, à gagner leur pain quotidien à la sueur intellectuelle de leur front. Et il y aurait avantage pécuniaire et moral, sinon pour l'Etat, du moins pour les communes et les contribuables.

« En effet, sur la recette des amendes, en principal, les receveurs de l'Enregistrement opèrent, à titre de frais de régie, une retenue de cinq pour cent. Le surplus est ensuite payé, sur mandats, aux percepteurs des contributions directes, qui, de leur côté, prélèvent des remises sur les mêmes sommes.

« Si ces derniers étaient chargés du recouvrement des amendes, ce double emploi cesserait aussitôt : l'on n'exercerait qu'une retenue, celle de cinq pour cent, et les communes profiteraient de la remise précédemment allouée aux comptables.

« L'enregistrement des procès-verbaux de délit soumis à la formalité en débet et rédigés par les gendarmes, les gardes champêtres, les commissaires de police, les agents voyers et autres fonctionnaires assermentés, serait renvoyé par les receveurs aux percepteurs qui, en faisant les annotations convenables, s'assureraient si tous les procès-verbaux ont été suivis de jugements et en justifieraient dans la forme ordinaire.

« Par les mêmes motifs, les receveurs devraient également effectuer le renvoi de l'enregistrement des jugements de simple police ou de police correctionnelle, portant absolution des prévenus.

« Les percepteurs pourraient profiter de leurs tournées pour opérer, sans frais, le recouvrement des condamnations judiciaires. Les redevables, dans tous les cas, seraient soumis à des déplacements moins onéreux et moins éloignés, puisque chaque perception comprend à peine le tiers des communes qui forment la circonscription administrative d'un bureau d'enregistrement.

« Les actes de poursuite, signifiés collectivement par les porteurs de contraintes, seraient à la fois moins coûteux et plus faciles à mettre à exécution.

« Les percepteurs, n'ayant dans leurs attributions qu'un nombre fort restreint de communes et devant s'y transporter de temps à autre, auraient des connaissances locales qui leur permettraient, avec les renseignements officiels fournis par les rôles des contributions, de s'assurer promptement de la solvabilité des condamnés, et de vérifier l'exactitude des certificats d'indigence délivrés par les maires.

« Les receveurs de l'enregistrement, ainsi débarrassés de nombreux détails, pourraient, de leur côté, donner plus de soin à l'amélioration des produits et à la répression de la fraude.

« Enfin, la plupart des condamnations comprenant des amendes attribuées aux communes, il serait assez naturel que le recouvrement de ces amendes fût opéré par les percepteurs, puisqu'ils réunissent presque toujours à cette qualité celle de receveurs municipaux. »

Voilà ce que je disais, dès l'année 1859, dans un ouvrage que l'on peut consulter au besoin, pour de plus amples détails, et que S. E. M. le ministre de l'intérieur a cru devoir m'empêcher d'introduire en France.

En résumé, *monsieur le président du Sénat*, c'est dans l'intérêt des citoyens peu aisés, dans l'intérêt de la classe laborieuse et pauvre (car c'est celle-là presque seule qui fournit le contingent des condamnations judiciaires et forestières), c'est, disons-nous, au profit des *pauvres et des malheureux* que le pétitionnaire se permet de solliciter la haute intervention du Sénat.

Les percepteurs, au moyen des porteurs de contraintes qui parcourent les communes à peu de frais et dont les salaires sont très-modérés, ont des moyens de recouvrement plus faciles et moins coûteux que ceux adoptés par l'Administration des Domaines, laquelle ne se sert, d'après ses règlements spéciaux, que des huissiers ordinaires. En cas de poursuite, et attendu que bien des communes sont éloignées du bureau de l'enregistrement, cette manière d'opérer entraîne, pour les malheureux délinquants forestiers et les autres, des frais considérables qui les écrasent et les ruinent, *sans aucune utilité pour le Trésor et au grand préjudice des intérêts publics*, et qui, de la part des condamnés, des gens de la campagne surtout, sont la cause d'amères récriminations que l'on fait retomber sur le gouvernement.

En matière de condamnations judiciaires, les receveurs de l'Enregistrement et des Domaines, par suite de leurs travaux difficiles et compliqués, et de l'assiduité continue qu'exigent de tels travaux, par suite encore de leur éloignement de beaucoup de communes et de leur peu de contact avec les contribuables, ne seront jamais aptes à recouvrer à peu de frais et par les voies de la persuasion, comme les percepteurs, le montant des condamnations judiciaires. Ces derniers, en effet, peuvent et doivent se déplacer, dans l'intérêt même du service, tandis que ce même intérêt et la nécessité d'assurer la date des actes et des déclarations, en les enregistrant jour par jour, obligent les receveurs de l'Enregistrement et des Domaines à ne jamais quitter leur bureau.

Sous tous les rapports, il semblerait donc que la demande que l'on a l'honneur d'adresser au Sénat devrait être accueillie ; car il s'agit ici autant d'une question d'humanité que d'une question à la fois communale et politique, et que l'on peut résumer en deux mots : *Recouvrements plus faciles et beaucoup moins coûteux tant pour les communes que pour les contribuables.* D'où, pour le gouvernement, un immense avantage moral et même pécuniaire, puisque, ainsi que l'enseigne Montesquieu (*Esprit des lois*, liv. 13, chap. 7), la ruine des particuliers se tourne contre l'Etat. Un gouvernement sage a donc le plus grand intérêt à adopter celle des organisations administratives qui entraîne le moins de frais.

La présente pétition a été déjà l'objet d'écrits adressés ou qui ont dû parvenir à leurs excellences MM. les ministres des finances et de l'intérieur.

COMPLÉMENT DE CETTE PÉTITION, ÉGALEMENT TRANSMIS AU SÉNAT ET PAR POST-SCRIPTUM. .

— Au chapitre XI de notre ouvrage sur *l'Insuffisance des traitements, première livraison* (voir notamment les pages 76, 77 et 79), nous avons suffisamment établi qu'eu égard à ce qu'on exige d'eux, les percepteurs des contributions directes sont deux fois et même trois fois plus payés que les receveurs de l'Enregistrement et des Domaines, et nous avons fait remarquer qu'en déduisant les frais de gestion qui ne sont pas applicables au recouvrement de l'impôt, le taux pour cent des frais, en ce qui concerne les receveurs, ne dépasse pas, dans son ensemble, 1, 25, tandis que celui des percepteurs s'élève à 2, 48 :
Nouvelle raison d'attribuer aux seuls percepteurs des contributions directes des recouvrements qu'il n'est ni de bonne politique ni de bonne administration de confier aux préposés de l'Enregistrement et des Domaines, déjà surchargés de travaux très-compliqués, de travaux ayant pour but de rendre les créances de l'Etat liquides et exigibles, au lieu que les opérations des percepteurs sont en général des plus simples et des plus faciles. Ces derniers fonctionnaires, en effet, ont pour mission spéciale de recouvrer des créances *certaines et définitivement liquidées ;* or, les condamnations judiciaires appartenant à cette catégorie, il est tout à fait juste de rendre enfin à César ce qui appartient à César.

Observations relatives à la deuxième pétition. — A moins de circonstances particulières que les lois sur la presse ne permettent pas d'énoncer publiquement, on ne comprend point pourquoi, dans la séance publique du Sénat du vendredi 7 juil-let 1865 (Voir le *Moniteur* du lendemain), l'on a repoussé, par la *question préalable*, une pétition rédigée en termes tout à fait parlementaires, et qui n'avait pour objet que l'intérêt public et celui des pauvres et des opprimés.

Un jour, peut-être, nous sera-t il permis de nous expliquer plus clairement.

TROISIÈME PÉTITION.

Versailles, le dimanche 23 octobre 1864.

SOMMAIRE.

I

Droits d'enregistrement et de timbre.
La répression plus sérieuse de la fraude procurerait au trésor une augmentation de produit de trente millions par an.

II

Illégalités commises au préjudice du pétitionnaire par M. Tournus, ancien directeur général de l'Enregistrement, des Domaines et du Timbre.

PREMIÈRE PARTIE.

En vertu de l'art. 45 de la Constitution et autant dans l'intérêt de l'Etat qu'au nom de la morale publique et du principe de l'égale répartition des charges, le soussigné, Honoré-Joseph-Fortuné ROUSTAN, fils, gendre et neveu d'employés de l'Enregistrement et des Domaines, et, en outre,

receveur démissionnaire de la même administration, le soussigné, actuellement libraire à Versailles, rue d'Anjou, n° 12,
a l'honneur de demander au Sénat que « les mesures né-
« cesaires soient prises pour que les ressources des bureaux
« de l'Enregistrement et des Domaines soient suffisamment
« utilisées ; ce qui, déduction faite de tous frais et malgré la
« création de quelques emplois, procurera au trésor une res-
« source annuelle de trente millions.

« En matière politique, comme en matière fiscale, le gouver-
« nement ne devrait jamais avoir le dessous. Nous voudrions
« dès lors que le principe si juste : *Il faut que les méchants
« tremblent et que les bons se rassurent,* fût appliqué à l'impôt de
« l'enregistrement ; que le redevable de bonne foi fût, en con-
« séquence, traité avec ménagement et avec douceur, et le re-
« devable de mauvaise foi, avec une judicieuse et impartiale
« fermeté, sans avoir égard à des transactions qui ne désinté-
« ressent pas entièrement le Trésor. »

Ces propositions sont extraites textuellement des pages 194
et 200 d'un ouvrage in-8°, imprimé à Bruxelles, en 1859, par
M. Guyot, rue de Pachéco, n° 12, sous le titre de : *Deuxième
livraison de l'insuffisance des traitements,* et dont l'introduction
en France a été prohibée arbitrairement, d'après les observations plus ou moins rationnelles de M. Tournus, ancien directeur général de l'Enregistrement, des Domaines et du
Timbre.

La démonstration des propositions dont il s'agit est faite,
avec tous les développements nécessaires, dans un autre ouvrage du pétitionnaire, en un vol. grand in-8°, de 254 pages y
compris l'introduction, *ouvrage adressé directement à S. E. le
ministre des finances,* et imprimé à Paris, en 1857, par Blondeau, avec ce titre : *Des réformes urgentes à opérer dans l'administration de l'Enregistrement et des Domaines, deuxième
édition.*

Il ne nous reste aucun exemplaire de cet ouvrage, qu'il nous
est impossible dès lors de joindre à la présente pétition ; mais
un exemplaire complet de la première édition a été transmis,
en 1860, à M. le comte de Beaumont, sénateur.

Nous n'avons trouvé, dans nos papiers, que la première partie proprement dite, composée de 130 pages. Elle est ci-jointe, ainsi qu'un prospectus détaillé contenant la table analytique des matières.

Pour que les ressources des bureaux de l'Enregistrement et des Domaines soient utilisées d'une manière convenable, il nous paraîtrait urgent de recommander aux employés de tout grade de faire exécuter sérieusement la loi envers et contre tous, de réprimer la fraude, *surtout en matière de successions et de donations*, et d'adopter en outre diverses mesures que nous allons énoncer très-sommairement.

1° *Création, dans les principales villes de la province, de contrôleurs des successions.*

Dans les principales villes de la France, où, par suite du défaut d'une bonne organisation administrative, l'infraction aux lois fiscales règne en quelque sorte en souveraine, dans les principales villes de l'Empire français, à Lyon, Bordeaux, Rouen, Toulouse, Marseille, Nice, etc., établir des employés spéciaux, *tels que les contrôleurs des successions de Paris*, employés qui auraient pour mission de surveiller et de réprimer sérieusement les fraudes de toute nature, en faisant toutes les comparaisons prescrites par les instructions et les règlements administratifs ; ce qui, ordinairement, n'a pas lieu du tout, ou n'a lieu que dans une proportion insignifiante.

Nota. L'honorable M. Roy, directeur général actuel de l'Enregistrement, des Domaines et du Timbre, a fait droit à cette première observation, en créant des contrôleurs spéciaux dans les principales villes de la France.

2° *Division de certains bureaux d'enregistrement d'une importance majeure.*

Diviser, *sans diminuer les traitements des préposés*, certains bureaux d'une importance majeure, bureaux surchargés outre mesure et à l'égard desquels, par cela même que les formalités de l'enregistrement y sont forcément données avec une précipitation fébrile, l'impôt se perd tous les jours dans des proportions telles, qu'on peut affirmer, avec la plus complète certitude, qu'il coule entre les mains des receveurs, comme l'eau dans un vase percé, bien qu'au dire de la vérification et de l'inspection, la tenue de ces bureaux soit assez bonne.

Nota. Il a été encore fait droit, en partie, par M. Roy, à cette légitime demande.

3° *Rétablissement des inspecteurs généraux de l'Enregistrement et des Domaines.*

Les inspecteurs généraux de l'Enregistrement et des Domaines ont été créés par S. M. Napoléon Ier, en vertu d'un décret du 30 ventôse an xiii (21 mars 1805). Maintenus par une ordonnance du 3 janvier 1821, ces utiles fonctionnaires ont été malencontreusement supprimés par une autre ordonnance du 23 janvier 1821.

Dans tout le cours de notre ouvrage *Des réformes urgentes*, deuxième édition, notamment aux pages 9, 73, 99, 102, 148, 163 à 174, et 245, nous prouvons la nécessité de rétablir les inspecteurs généraux de l'Enregistrement et des Domaines, et de les choisir ordinairement parmi les directeurs les plus instruits, les plus laborieux et les plus expérimentés. Mais il faudrait alors qu'on pût arriver directeur à l'âge de quarante ans et non de cinquante.

4° *La répression sérieuse de la fraude, en matière d'enregistrement, produirait, net et en plus, trente millions par an.*

La preuve que la répression plus sérieuse de la fraude procurerait au Trésor, déduction faite de tous frais, une ressource annuelle d'au moins trente millions, est faite d'une manière authentique et par la publication des documents mêmes d'un bureau d'enregistrement, dans la deuxième édition des *Réformes urgentes*, notamment aux pages 11, 12, 73, 74, 76 à 88, 125 à 130, 233 à 237, et 245 à 249.

DEUXIÈME ET DERNIÈRE PARTIE.

Le pétitionnaire a l'honneur, en second lieu, de se plaindre au Sénat d'une mesure injuste et rigoureuse prise contre lui, malgré la parfaite régularité de son service, par M. Tournus, ancien directeur général de l'Enregistrement et des Domaines, lequel n'a cessé ses fonctions qu'en 1863; mesure dont le résultat (inévitable pour tout homme de cœur) a été de briser entièrement l'avenir d'un employé qui, soit par ses travaux comme fonctionnaire public, soit par ses publications comme écrivain financier, et même par des manuscrits non encore imprimés, croit être en mesure de prouver qu'il aurait pu rendre quelques services au gouvernement de S. M. l'Empereur. Il semble dès lors que l'on aurait dû amnistier les défauts en faveur peut-être des qualités, et fermer les yeux sur des violences de style qui, selon le témoignage d'un ancien employé supérieur de l'Enregistrement et des Domaines, de l'honorable M. Garnier, actuellement député au Corps législatif, prouvaient, avec beaucoup d'inexpérience, la bonne foi et la naïveté même de l'écrivain.

Le pétitionnaire annexe, à l'appui de sa plainte, les 130 premières pages de son ouvrage des *Réformes urgentes à opérer dans l'administration de l'Enregistrement et des Domaines*, deuxième édition.

Il insiste surtout sur ce fait (pages 70 et 71) :

Sous le seul prétexte, non autrement expliqué, que le pétitionnaire aurait manqué de mesure dans ses rapports avec ses supérieurs (page 26), M. Tournus, en dépouillant *subitement* le pétitionnaire de ses fonctions de receveur de l'Enregistrement et des Domaines au bureau de Fresne-Saint-Mamès, malgré l'excellente tenue de son service, lui a refusé toute espèce de congé, bien qu'il eût établi, par certificat de médecin en bonne forme, que, *sa femme étant gravement malade à la suite de couches*, il ne pouvait l'abandonner loin de sa famille et la laisser en des mains étrangères, pas plus que son enfant, alors en nourrice à Fresnes-Saint-Mamès et non encore sevré.

La délibération du Conseil d'administration du 7 novembre 1856 portait seulement que *je devais être changé de résidence*. M. Tournus avait ajouté à la rigueur de la délibération *en me faisant descendre arbitrairement de la cinquième classe à la sixième*. J'étais donc fondé à refuser de me rendre à mon poste.

Enfin, malgré des démarches faites plus tard par M. le comte de Beaumont, sénateur, M. Tournus a persisté, tant qu'il est resté au pouvoir, à ne pas réintégrer le sieur Roustan dans les rangs administratifs, même avec un bureau inférieur.

Voilà pourquoi ce dernier se trouve encore dans la pénible nécessité d'importuner le Sénat, afin que d'autres employés ne soient pas de nouveau victimes de mesures aussi rigoureuses.

Sa Majesté l'Empereur, qui se montre si bienveillant et si juste envers les fonctionnaires publics, n'aurait jamais permis, s'il avait eu connaissance de cette affaire, qu'un receveur de l'Enregistrement et des Domaines, zélé pour les intérêts de l'Etat et dont la gestion était irréprochable, fût livré coup sur coup aux tribunaux, pour avoir tenté d'éclairer le gouvernement et de divulguer, non pas des abus, mais des vices administratifs qui portent au Trésor le plus grand préjudice !

Comment veut-on que la vérité, la libre et sainte vérité arrive jusqu'aux pieds du trône impérial, quand on fait saisir et détruire des ouvrages dont le fond était excellent, et qui n'avaient de répréhensible que quelques expressions acerbes' très-excusables à raison des mesures rigoureuses et non méritées prises contre le pétitionnaire ?

M. Tournus, auteur réel des poursuites, et que l'on peut apprécier maintenant à sa juste valeur, ne s'est point montré, dans cette affaire, partisan éclairé du gouvernement impérial. *Il a procédé de son propre chef, contrairement aux réglements administratifs et sans consulter même le conseil d'administration,*

2.

ainsi que cela résulte des pièces du dossier correctionnel communiqué tout récemment à la partie plaignante.

M. Tournus, malgré toutes ses menaces, n'ayant pu faire révoquer de ses fonctions un receveur dont le service était très-régulier, l'a livré aux tribunaux pour une prétendue diffamation contenue dans un *mémoire imprimé* adressé à S. E. M. le ministre des finances et à S. M. l'Empereur.

Le conseil supérieur de l'administration de l'Enregistrement et des Domaines n'étant point de l'avis de poursuivre, puisqu'il n'a été produit aucune délibération du conseil, M. Tournus porta plainte *en son nom personnel*, sans pouvoir, sur ce point, faire admettre ses prétentions. Voici, en effet, ce qu'on lit dans le jugement du 1er avril 1857, confirmé par un arrêt de la Cour impériale de Paris du 19 juin suivant, l'un et l'autre portant condamnation de la *première édition des* RÉFORMES URGENTES :

Sur le premier chef relatif à M. Tournus :

Attendu qu'il n'est pas suffisamment établi que Roustan se soit rendu coupable de diffamation à son égard, le tribunal le renvoie sur ce chef.

M. Tournus, *qui n'était point intéressé personnellement dans le procès*, n'avait donc aucune qualité pour agir de son propre chef. Or, le Conseil d'administration ne lui ayant prêté son concours pas plus pour faire condamner la première édition des *Réformes urgentes* que pour incriminer la seconde, il s'ensuit que c'est en violation des règlements administratifs que le pétitionnaire a été livré coup sur coup aux tribunaux, par M. Tournus seul, alors directeur-général de l'Enregistrement et des Domaines.

En outre, l'art. 4 de la loi du 26 mai 1819, est ainsi conçu :

« Dans les cas de diffamation ou d'injure contre les cours,
« tribunaux, ou autres corps constitués, *la poursuite n'aura*
« *lieu qu'après une délibération de ces corps, prise en assemblée*
« *générale et requérant les poursuites.* »

Or, cette délibération, ainsi qu'on s'en est assuré pendant l'été de 1864, en compulsant avec soin le dossier déposé au greffe correctionnel de la Cour impériale de Paris, cette déli-

bération n'ayant jamais eu lieu, il y a certitude que le pétitionnaire, d'ailleurs condamné *par défaut*, ne l'a été qu'en violation
et des règlements administratifs et de l'art. 4 de la loi du
26 mai 1819.

C'est néanmoins seulement à cause de cette condamnation,
réellement surprise à la religion des juges, que l'avenir administratif du pétitionnaire a été brisé.

Comme preuve de la rigueur du deuxième arrêt, *lequel,* ainsi
que je l'ai déjà fait observer, *a été rendu par défaut et pendant
mon séjour à Bruxelles*, par la Cour impériale de Paris, le
22 janvier 1858 (trois mois d'emprisonnement qu'après une
arrestation brutale et imprévue j'ai subis dans la maison d'arrêt
de Valenciennes, du 23 novembre 1858 au 21 février 1859, et
cinq cents francs d'amende et des frais de justice que l'administration des Domaines, chargée du recouvrement, a eu elle-
même la conscience de ne jamais exiger de moi), comme preuve,
disons-nous, que les juges qui ont condamné la deuxième édition des *Réformes urgentes*, ne m'ont pas même compris et ont
apprécié faussement, d'après des rapports calomnieux, *des
matières administratives et financières* qui n'étaient guère de
leur compétence, c'est qu'ils ont incriminé, en vertu seulement de l'art. 5 de la loi du 25 mars 1822, c'est-à-dire *pour
une prétendue diffamation envers un corps constitué,* des critiques
générales adressées à un système vicieux et qui a certainement
pour effet de priver le gouvernement de ressources précieuses.
Ces ressources sont évaluées, dans mon ouvrage même des
Réformes urgentes, deuxième édition, avec documents administratifs et calculs à l'appui, à plus de *trente millions par an.*

Enfin, ce qui prouve le bien fondé de mes critiques, c'est
que l'honorable M. Roy, directeur général actuel de l'Enregistrement et des Domaines, et fonctionnaire du plus grand mérite,
bien que manquant un peu d'expérience, attendu qu'il n'est pas
directement sorti des rangs administratifs ; ce qui prouve le bien
fondé de mes critiques, c'est que l'honorable M. Roy, s'inspi-
rant des doctrines contenues dans les divers écrits administratifs que j'ai publiés, notamment dans mes *Réformes urgentes,*
ma *Comparaison de la loi belge,* et mon *Insuffisance des traite-*

ments, accomplit tous les jours de grandes réformes et a préparé et prépare encore, en matière de droits d'enregistrement et de timbre, de nouveaux projets de loi.

Le seul reproche que j'adresserais à M. le directeur général, c'est d'imposer à mes anciens camarades, *sans rétribution aucune*, des travaux supplémentaires qui les obligent à prendre à leurs frais des commis spéciaux ; ce qui menace de rendre leur position insupportable, et ce qui va obliger beaucoup d'entre eux à demander prématurément leur retraite.

Or, dans tous mes ouvrages, j'ai conclu pour les réformes, mais *à la charge de payer convenablement les travaux extraordinaires qu'elles occasionneraient*.

Le sieur Roustan, ainsi condamné administrativement et de la manière la plus rigoureuse, ne sollicite aucune espèce d'emploi : il demande seulement justice et persistera à la demander jusqu'à ce qu'il l'ait obtenue.

COMPLÉMENT DE LA PRÉCÉDENTE PÉTITION, RÉELLEMENT TRANSMIS AU SÉNAT.

Versailles, le lundi 19 juin 1865.

Le 23 octobre 1864, j'ai eu l'honneur d'envoyer au Sénat une pétition par laquelle je me plaignais, entre autres choses, de ce que, en me changeant de résidence, M. Tournus, ancien directeur général de l'Enregistrement, des Domaines et du Timbre, m'avait, *contrairement à une délibération du Conseil d'administration* du 7 novembre 1856, fait descendre de la *cinquième classe* de receveur de l'Enregistrement à la *sixième*.

Ce fait est bien certain, quoi que l'administration des Domaines en puisse dire.

Du bureau de *cinquième classe* de Fresnes-Saint-Mamès (Haute-Saône), que j'occupais en 1856, à celui de *sixième classe* d'Orgelet (Jura), auquel je fus nommé, la différence des remises annuelles était alors d'environ *cinq cents francs*.

Il est possible qu'aujourd'hui cette différence ne soit plus que de cent cinquante francs ; mais il faut prendre les choses au point où elles étaient en 1856. Or, à cette époque, les remises moyennes du bureau d'Orgelet ne dépassaient pas 1,750 francs (les remises de la *sixième classe* étant de 1,400 à 1,800 francs), tandis que les remises moyennes du bureau de Fresnes-Saint-Mamès s'élevaient à 2,300 francs (les remises de la *cinquième classe* étant de 1,801 à 2,400 francs).

L'augmentation des remises moyennes de ce dernier bureau était due, en partie, à un *travail extraordinaire qui, loin d'être apprécié, fut la cause de ma disgrâce.* Cette mesure impolitique a depuis enhardi la fraude : voilà pourquoi les remises du bureau de Fresnes-Saint-Mamès sont maintenant à peu près de niveau avec celles du bureau d'Orgelet.

Quoi qu'il en soit, il ne s'agissait pas, dans cette affaire, d'une simple question d'argent : il s'agissait, avant tout, *d'une question d'avenir.* Or, lors même qu'il n'y aurait eu que 150 francs de différence entre les remises des deux bureaux, il n'est pas moins vrai que, en 1856, le bureau de Fresnes-Saint-Mamès (Haute-Saône), que j'occupais, était de *cinquième classe*, tandis que celui d'Orgelet (Jura), auquel je fus nommé, n'était que de *sixième classe* et était *qualifié comme tel dans les documents administratifs.* Or, pour moi, être nommé receveur de *sixième classe* seulement, lorsque j'appartenais depuis dix-huit mois à la *cinquième classe*, était une question capitale pour mon avenir, puisque, d'après les règlements de l'administration de l'Enregistrement et des Domaines, et même en recevant plus tard de l'avancement, je n'aurais pu passer que dans la *cinquième classe*, au lieu de passer dans la *quatrième.*

Je persiste donc à penser que j'étais fondé à ne point prendre possession d'un bureau de *sixième classe seulement*, qui m'était donné en violation même des règlements administratifs, et que M. Tournus, ancien directeur général de l'Enregistrement, des Domaines et du Timbre, doit être déclaré responsable de l'abus de pouvoir qu'il a commis, *sans avoir jamais voulu le réparer.*

NOTA. Voici comment, en 1856, on déterminait les remises moyennes d'un bureau d'enregistrement.

On prenait les remises complètes des cinq dernières années antérieures à celle de la nomination.

Du total de ces cinq années on déduisait l'année la plus forte et l'année la plus faible.

Le tiers des trois années restantes formait l'année moyenne des remises au moment de la nomination.

Par les documents conservés à la comptabilité générale des finances, à Paris, il est donc facile de s'assurer qu'en 1856, comme je l'affirme, les remises moyennes du bureau de l'Enregistrement d'Orgelet (Jura) *étaient inférieures de cinq cents francs au moins* à celles du bureau de Fresnes Saint-Mamès (Haute-Saône).

En voici, d'ailleurs, une preuve sans réplique. Elle est tirée d'un ouvrage composé avec les documents fournis par l'Administration. Cet ouvrage, publié à Paris, en 1860, par M. Muzard, libraire-éditeur, place Dauphine, n° 27, a pour titre : *Dictionnaire administratif, géographique et statistique des bureaux de l'Enregistrement, des Domaines et des conservations d'hypothèques de la France.*

EXTRAIT TEXTUEL DE CET OUVRAGE.

Page 149.

I. *Remises du bureau de Fresnes-Saint-Mamès (Haute-Saône).*

1855, 2,681 francs. — **1856**, 2,263 francs.
1857, 2,101 francs. — **1858**, 2,129 francs.

Page 262.

II. *Remises du bureau d'Orgelet (Jura).*

1855, 1,934 francs. — **1856**, 1,630 francs.
1857, 1,714 francs. — **1858**, 1,725 francs.

Il est donc bien certain qu'en 1856, les remises du bureau

de *cinquième classe* de Fresnes-Saint-Mamès, que j'occupais, excédaient d'*au moins cinq cents francs* les remises du bureau de *sixième classe* d'Orgelet, auquel je fus nommé par M. Tournus, en violation des règlements administratifs et contrairement à toute justice.

Il n'est dès lors pas moins certain que j'ai droit à une indemnité et à une réparation que *j'aurai l'honneur de demander directement à Sa Majesté l'Empereur*, c'est-à-dire *d'ici au mois de juillet de la présente année mil huit cent soixante-six.*

Versailles, rue d'Anjou, n° 12, le lundi matin, 29 janvier 1866.

OBSERVATIONS RELATIVES A LA TROISIÈME PÉTITION.

Ainsi que nous l'avons expliqué à la page 238 de nos *Subtilités de la librairie parisienne*, les poursuites rigoureuses dont nous avons été l'objet coup sur coup avaient pour motif réel une note insérée aux pages 15 et 16 des *Réformes urgentes*, et que M. Tournus, alors directeur général de l'Enregistrement et des Domaines, n'a jamais pu parvenir à faire incriminer par les tribunaux.

Cette note est ainsi conçue :

Qu'est-ce donc que M. GARNIER (*actuellement député au Corps législatif*, auteur d'ouvrages très-remarquables, et ancien employé supérieur de l'administration de l'Enregistrement, des Domaines et du Timbre), qu'est-ce donc que M. Garnier? — Dans la modeste sphère de ses attributions, c'est l'homme qui, contrairement au proverbe, est populaire, même dans son pays, où il est entouré, à bon droit, de l'estime et de la considération générales; *c'est l'homme du destin, c'est l'illustre, infatigable et seul auteur du Répertoire général de l'Enregistrement et du Répertoire périodique,* dont le succès a été aussi immense qu'incontestable et inattendu! C'est l'homme de cœur et d'intelligence, grandi par le talent et par l'adversité: c'est le protecteur courageux de tous les employés qui souffrent, l'éloquent défenseur de leurs plus légitimes intérêts. Oui, pour eux tous, il est bien plus qu'un père: c'est l'envoyé de Dieu même, c'est leur providence bénie, c'est l'ange exterminateur des abus! Aussi les persécutions et les iniquités de toute espèce ne lui ont elles point fait défaut. C'est encore le GRAND MARTYR ADMINISTRATIF, LE PROMÉTHÉE DE LA SCIENCE FIS-

CALE, CLOUÉ AU ROCHER DE L'INGRATITUDE PAR L'ENVIEUSE MÉDIOCRITÉ.

A la noble cause du droit et de la justice, il a tout sacrifié sans se plaindre : santé, jeunesse, famille, tout ce qu'on peut avoir de plus cher et de plus précieux! Et voilà la récompense (1)!

Eh bien, je le répète à M. GARNIER, qui, jusqu'à présent, n'est nullement disposé à me croire (et qu'il veuille bien prendre note de mes paroles) : De même qu'un des premiers j'ai proclamé l'Empire, à une époque où l'opinion publique n'était pas encore en faveur de SA MAJESTÉ NAPOLÉON III, comme elle l'est aujourd'hui; de même j'affirme que M. GARNIER, lorsqu'il aura terminé son *Répertoire général*, ne tardera pas à être appelé à la direction supérieure de l'Administration de l'Enregistrement et des Domaines; car SA MAJESTÉ L'EMPEREUR, QUI SE CONNAIT EN HOMMES, EST BIEN DÉCIDÉ A METTRE, A LA TÊTE DES ADMINISTRATIONS FINANCIÈRES, DES DIRECTEURS GÉNÉRAUX DIRIGEANTS, A LA PLACE DE DIREC-TEURS GÉNÉRAUX DIRIGÉS! Comme l'élection politique de SA MA-JESTÉ NAPOLÉON III, l'élection administrative de M. GARNIER sera, en outre, sanctionnée par le suffrage de l'immense majorité de ses Collègues. Ce sera donc l'inauguration d'une ère nouvelle, l'ADMI-NISTRATION DES DOMAINES RÉELLEMENT DIRIGÉE AU POINT DE VUE DES INTÉRÊTS PUBLICS; LE MÉRITE SUBSTITUE A L'IMPUIS-SANCE; LA LARGE ET INTELLIGENTE APPLICATION DE LA LOI REMPLAÇANT LES DÉPLORABLES TRADITIONS DES ANCIENS FER-MIERS GÉNÉRAUX!

ET CE SERA JUSTICE!

(Extrait d'un ouvrage (*Des réformes urgentes à opérer dans l'admi-nistration de l'Enregistrement et des Domaines*) publié dès le mois de février 1857.)

Dans une première brochure sur l'*Insuffisance du traitement des préposés de l'Enregistrement et des Domaines*, brochure

---

(1) Comme moi et sans plus de justice, M. Garnier avait été *subitement* dépouillé de ses fonctions de vérificateur de l'Enregistrement et des Domaines. M. Tournus, en poursuivant ainsi et en voulant étouffer le vrai mérite, n'est parvenu qu'à le faire ressortir davantage. *Les ouvrages de M. Garnier font maintenant autorité*, et sont répandus dans tous les bureaux de l'Enregistrement, aussi bien que dans toutes les études de notaire.

Parent du comte d'Hauterive (un des serviteurs dévoués de Napoléon Ier), fils lui-même d'un directeur de l'Enregistrement, membre du conseil général des Hautes-Alpes, député au Corps législatif, dans une très-belle position de fortune et allié en outre aux familles les plus honorables, M. Garnier, dont l'*incontestable capacité administrative et financière a été mûrie par l'étude et fortifiée par l'expérience*, M. Garnier est digne, sous tous les rapports, d'être nommé directeur général de l'Enregistrement, des Domaines et du Timbre, et d'être en même temps élevé aux fonctions de conseiller d'Etat.

L'administration de l'Enregistrement tout entière et le notariat lui-même applaudiraient, au nom des intérêts publics, à cette excellente mesure!

publiée au mois de décembre 1857, composée sur les hauteurs de Montmartre, à Paris, rue Biron, n° 4, et adressée par la poste à tous mes anciens camarades, je complétais cette prophétie de la manière suivante :

A la page 4 de la couverture, je disais :

Puisque le *Répertoire général* est terminé, ma prophétie, cause trop réelle des plaintes portées coup sur coup contre moi, ma prophétie, malencontreuse pour quelques-uns, mais faite dans l'intérêt général, ma prophétie, de plus en plus certaine à mes yeux, ne tardera pas à s'accomplir. Sous un gouvernement qui sait apprécier le mérite et les talents et honorer toutes les gloires, M. Garnier, qui a rendu des services bien plus sérieux que ceux qu'ont pu rendre MM. Clairville, Alexandre Dumas, fils, et autres littérateurs, M. Garnier ne peut manquer d'être décoré et d'arriver bientôt à la haute position que lui assurent ses connaissances spéciales et approfondies. Le *Répertoire général*, constamment tenu au courant d'après un mécanisme dont M. Garnier est l'inventeur, devrait devenir, *de plein droit*, le *Dictionnaire officiel* des employés et des officiers publics, comme, *en fait*, il l'est déjà. Le *Répertoire périodique* aurait la même destination et remplacerait l'ancienne influence du *Journal de l'Enregistrement*. M. Garnier, élevé aux utiles fonctions de *directeur général chef du contentieux*, serait le président et le créateur du Comité dont il parle lui-même (*Rép. périod.*, art. 768, § 2, page 15), et qui aurait pour attribution de faire succéder la lumière aux ténèbres, de centraliser et de coordonner les décisions administratives, et de tirer enfin le monde fiscal du chaos dans lequel il s'embourbe depuis longtemps, à défaut de principes bien arrêtés ni clairement définis.

Voilà de quelle manière, dès le mois de décembre 1857, je prophétisais l'avenir administratif de l'honorable M. Garnier.

Aujourd'hui, mardi 27 février 1866, je persiste plus que jamais dans l'intégralité de cette prophétie, *dont la réalisation est très-prochaine.*

Versailles, rue d'Anjou, n° 12.

QUATRIÈME PÉTITION ADRESSÉE AU SÉNAT.

Versailles, le dimanche 15 janvier 1865.

SOMMAIRE

I

Demande d'abrogation immédiate des lois de sûreté générale.

II

Ouvrages imprimés à Bruxelles et arbitrairement prohibés en France par décision du ministre de l'intérieur.

III

Abus de pouvoir commis par M.   , ancien sous-préfet à   actuellement préfet à   .

———

En vertu de l'art. 45 de la Constitution, et autant dans l'intérêt du gouvernement qu'au nom de l'opinion publique exprimée par le vœu bien connu de l'immense majorité des Français, le soussigné, Honoré-Joseph-Fortuné Roustan, ancien receveur de l'Enregistrement et des Domaines, demeurant à Versailles, rue d'Anjou, n° 12, a l'honneur de demander au Sénat l'abolition entière et immédiate, sans aucune espèce de restriction ni de réserve, des lois de sûreté générale.

Nous voulons, avant tout, que le gouvernement soit fort; mais c'est précisément parce que nous savons qu'il est fort que nous nous permettons d'insister vivement pour l'abrogation des lois dont il s'agit.

Les lois de sûreté générale, nécessaires au moment où elles furent établies, sont aujourd'hui très-dangereuses ; car elles ont pour résultat direct de donner prise à la calomnie contre le gouvernement, qu'on accuse à tort d'être despotique (dans le mauvais sens du mot), et de ne pouvoir se maintenir, comme le dur et transitoire gouvernement de 1793, que par des moyens exceptionnels et violents. Or, de telles accusations ne peuvent, sans injustice, s'appliquer au loyal et ferme gouvernement de S. M. Napoléon III. Il lui importe dès lors d'en supprimer la cause ou le prétexte.

En outre, et dans la pratique, les lois de sûreté générale protégent des abus que le gouvernement ignore sans doute, et sur lesquels il est du devoir de tout bon citoyen de l'éclairer, *même au prix de son repos ou de sa vie.*

Ces principes seront plus amplement développés dans un ovrage que l'on imprime à Bruxelles et qui a pour titre : *Pétition adressée au Sénat ; à quelles conditions l'Empire sera éternel.* Un exemplaire, monsieur le président, vous sera transmis dès que l'ouvrage sera complétement imprimé (1).

Le soussigné a l'honneur, *en deuxième lieu,* de déférer au Sénat deux décisions injustes et arbitraires, prises contre lui, en 1858 et en 1859, par S. E. M. le ministre de l'intérieur ; aux termes desquelles décisions et contrairement à toute loi politique ou civile, deux ouvrages ci-après désignés, imprimés à Bruxelles, par M. E. Guyot, rue de Pachéco, n° 12, ont été prohibés en France.

Le premier de ces ouvrages, composé de plus de dix feuilles in-8°, a pour titre : *De l'insuffisance du traitement des préposés*

---

(1) J'ai renoncé *provisoirement* à l'impression de cet ouvrage.

Un extrait détaillé et *sous forme manuscrite (que j'ai l'intention de mettre directement sous les yeux de Sa Majesté l'Empereur),* un extrait *manuscrit* de cet ouvrage délicat a été déposé au greffe de la Cour impériale de Paris, à l'appui d'un procès en diffamation jugé correctionnellement le 26 avril 1865.

J'ai eu l'honneur de prier M. le président du Sénat de vouloir bien se faire communiquer, par M. l'avocat général, le dossier de cette affaire, ainsi que l'énonce ma lettre du 19 juin 1865, ci-après transcrite.

de l'Enregistrement et des Domaines, 2° *livraison.* Le soussigné persiste à vouloir introduire en France cet ouvrage,*dont il accepte la responsabilité devant les tribunaux de son pays.*

Il demande cinq mille francs d'indemnité, à raison du préjudice matériel que lui a porté la décision déférée au Sénat, l'ouvrage dont il s'agit étant, au moment où il a paru, d'un placement certain et ayant, depuis lors, perdu toute espèce d'à-propos.

Le soussigné s'est d'ailleurs adressé, en 1859, à S. E. M. le ministre de l'intérieur, sans obtenir aucune espèce de justice, ni même la moindre réponse.

Ce n'est qu'en lisant attentivement les discussions publiques qui ont eu lieu devant le Sénat, dans les premiers mois de l'année 1864, que le pétitionnaire a pu se convaincre qu'on a réellement violé, dans sa personne, toutes les lois qui protégent la propriété littéraire et la liberté de l'homme et de l'écrivain.

Le deuxième ouvrage injustement prohibé a pour titre : *Le libre-échange, la Douane et les Contrebandiers.* Il contient également ment plus de dix feuilles in-8°, et a été illégalement saisi par la Douane de   le 7 novembre 1859.

Le parquet de cette dernière ville, à l'instigation de M.   , alors sous-préfet, actuellement préfet de l'Empire français, premier auteur de l'arrestation du soussigné, a fait à celui-ci, au mois de novembre 1859, un double procès, en diffamation envers l'Administration des Douanes, et en colportage d'ouvrages prohibés.

Une ordonnance de non-lieu à poursuivre s'en est suivie et porte la date du 23 novembre 1859.

Néanmoins le ministre de l'intérieur a maintenu la prohibition d'introduire l'ouvrage en France, bien que S. E. le ministre d'Etat, M. Rouher, ait affirmé, dans la séance du Corps législatif du lundi 11 janvier 1864, qu'en dehors des journaux, *la liberté d'écrire existe, et que l'écrivain ne relève que de l'autorité judiciaire.*

C'est surtout contre la prohibition arbitraire de ses ouvrages que le pétitionnaire proteste de toutes ses forces, en deman-

dant dix mille francs d'indemnité, à raison du préjudice matériel et *surtout du préjudice moral* qu'on lui a porté.

Le soussigné demande au besoin l'autorisation de poursuivre
devant les tribunaux M.   , préfet à   , coupable,
à son égard, d'une arrestation arbitraire et illégale, ainsi qu'il
le prouvera, avec pièces à l'appui, dans l'ouvrage (l'*Empire
éternel*) que l'on imprime à Bruxelles.

Les questions à résoudre sont d'ailleurs posées clairement et
en ces termes :

I. *L'autorité administrative a-t-elle le droit d'empêcher, au préjudice de l'auteur qui est Français, l'introduction en France d'un
ouvrage non périodique ni politique, contenant plus de dix feuilles
d'impression, ouvrage imprimé en pays étranger et que l'autorité
judiciaire de Valenciennes, à laquelle cet ouvrage a été déféré par
l'autorité administrative du même lieu, n'a point trouvé contraire
aux lois?*

II. *L'auteur de l'ouvrage, qui, intérieurement, est dévoué au gouvernement de S. M. l'Empereur, qui n'a subi d'ailleurs aucune
espèce de condamnation politique, et dont la moralité est bien connue
et non contestée, l'auteur de l'ouvrage, qui réside en France et qui
accepte la responsabilité de l'écrit, peut-il en outre, par suite seulement de cette publication et comme en ayant emporté trois exemplaires dans ses malles, être arbitrairement arrêté lors de son passage à
la frontière, et être ensuite détenu dans une maison d'arrêt pendant
dix-sept jours,* en compagnie de tous les malfaiteurs, *sur le seul
ordre d'un sous-préfet et par mesure de sûreté générale?* Tel est
le sommaire de la *première partie* de la publication à intervenir.

En résumé, monsieur le président du Sénat, contrairement
à toute loi et à toute justice, S. E. M. le ministre de l'intérieur
m'a dépouillé de la propriété légitime de plusieurs de mes ouvrages.

Victime, en outre, d'arrestations arbitraires, j'ai été témoin,
pendant mon injuste détention, de pareils abus de pouvoir
commis sur d'autres personnes.

Pour que de tels abus cessent au plus tôt, il est donc urgent
de les flétrir par la voie de la publicité ; car, lorsqu'on est fondé
à se plaindre et qu'on peut fournir toutes les preuves à l'appui,

le silence est, à mes yeux, un véritable crime envers ses concitoyens, puisque, ainsi que l'enseigne J.-J. Rousseau dès les premières pages du *Contrat social,* s'il est vrai que la *force a fait les premiers esclaves, leur lâcheté seule les a perpétués* (1).

S'incliner lâchement et silencieusement devant les abus, c'est donc les rendre éternels. Les combattre sans ménagement et avec vigueur, les dénoncer à haute voix à la France entière et à toute l'Europe, c'est les rendre désormais impossibles et obliger le gouvernement à les faire cesser; proposition que je résume en ces quelques mots :

Respect aux droits de l'homme et du citoyen ; respect surtout à la propriété littéraire; ou, en d'autres termes : *Vive l'Empereur et à bas les lois de sûreté générale* (2)!

OBSERVATIONS.

(1) Je n'entends parler ici que de la *lâcheté morale,* et je blâme d'une manière absolue toute insurection populaire et par la voie des armes, quelque légitime qu'en soit la cause. Sur ce point, je suis d'accord avec l'auteur même du *Contrat social,* avec J.-J. Rousseau qui disait, dans sa correspondance, que toute la liberté du monde ne vaudrait rien, s'il fallait l'acheter par le sang d'un seul homme. Or, une insurrection, quand même elle aurait une cause légitime, fait toujours répandre beaucoup de sang, et de sang innocent, outre qu'elle amène de grands désordres. Elle est donc blâmable devant Dieu comme devant les hommes, ainsi que je m'en suis expliqué dans ma brochure (l'*Anti Labienus, plus de lois de sûreté générale*), mise en dépôt chez MM. Dentu et Garnier au Palais Royal.

D'après ma doctrine, *l'homme de cœur se fait tuer et ne tue pas ;* mais il doit protester énergiquement, *par les voies légales et au besoin jusqu'à la mort,* comme saint Jean-Baptiste, contre les abus de pouvoir de l'autorité.

L'audace chrétienne et saintement révolutionnaire est donc la noble et pacifique audace des cœurs remplis de l'amour de Dieu et du prochain.

(2) En bonne justice, un auteur qui s'exprime sincèrement et avec clarté ne peut être responsable des interprétations malveillantes d'un public sans religion et sans vrai courage, d'un public aveuglé et corrompu par les passions les plus mauvaises, et qui appelle progrès et liberté ce qu'on appellerait avec plus de raison désordre et servitude.

Or, les divers ouvrages que j'ai publiés depuis 1852 jusqu'à ce jour, témoignent de mon dévouement enthousiaste pour Leurs Majestés impériales, et viennent à l'appui du véritable sens que j'ai entendu donner à mes affirmations.

En me servant, immédiatement après les mots : *Vive l'Empereur*, de ces autres mots : *A bas les lois de sûreté générale*, au lieu des termes plus décents et moins énergiques : *Plus de lois de sûreté générale*, je n'ai fait qu'exprimer le vœu d'un bon citoyen et qu'user d'un terme consacré par le vocabulaire politique; car, en cette matière, les expressions *vive* et *à bas* sont corrélatives, bien qu'en sens inverse, et constituent même seules le véritable mot propre.

Exprimer en ces termes et sans aucune intention d'offense, d'une part, que l'on maintienne les institutions impériales, parce qu'elles sont réellement appropriées à nos mœurs et à nos habitudes ; et, d'une autre part, qu'on abroge des lois qui compromettaient gratuitement ces institutions et qui, dans le fait, ont été depuis abrogées en très-grande partie, ce n'était donc pas manquer de respect à ces lois : c'était, au contraire, exprimer un vœu parfaitement licite, et user régulièrement d'un droit conféré à tous les citoyens par la Constitution du 14 janvier 1852.

Aussi la pétition qui précède, mieux comprise et sainement appréciée, nous paraît-elle ne contenir rien de violent ou d'inconvenant, ni même de contraire aux lois.

COMPLÉMENT DE CETTE QUATRIÈME PÉTITION.

A Son Excellence M. le président du Sénat.

Versailles, le 19 juin 1865.

Monsieur le président,

Le 15 janvier 1865, j'ai eu l'honneur, en transmettant au Sénat une plainte en abus de pouvoir contre M.
ancien sous-préfet à   , actuellement préfet à
          , de vous faire connaître que j'adresserais ultérieurement les pièces justificatives.

Ces pièces ont été déposées au greffe correctionnel de la Cour impériale de Paris. Elles font partie du dossier d'une affaire jugée le 26 avril 1865, et qui est analysée dans la brochure ci-jointe (l'*Anti-Labiénus*).

Pour que la pétition que j'ai transmise au Sénat le 15 janvier dernier puisse être examinée avec connaissance de cause, il est donc nécessaire qu'il soit communiqué, à M. le rapporteur chargé de cette pétition, le dossier correctionnel dont il s'agit.

Je vous serai très-obligé, en conséquence, de vouloir bien le faire réclamer à M. l'avocat général.

V. Autres pétitions adressées au Sénat.

Deux autres pétitions relatives aux abus qui se commettent dans les ventes publiques de meubles, notamment de la part des commissaires-priseurs et des libraires associés connus sous le nom de *Bande noire*, ont été adressées au Sénat et au ministre de la justice les 10 et 15 septembre 1864.

L'objet de ces pétitions est indiqué avec détail aux pages 273 à 276 et 279 de mon ouvrage sur les *Subtilités de la librairie parisienne.*

Aux pages 232 à 256, j'émets et je développe le vœu que l'administration supérieure de l'Enregistrement et des Domaines fasse enfin exécuter à Paris, d'une manière sérieuse, la loi du 22 pluviôse an VII, et l'ordonnance royale du 1er mai 1816.

Les deux pétitions sur les *ventes publiques de meubles* sont les seules qui ne soient que très-sommairement analysées dans la présente brochure. — Les quatre autres pétitions, on vient de le voir, sont transcrites littéralement.

C'est au sujet de toutes ces pétitions que M. le baron HAUSS-MANN, préfet de la Seine, a fait en plein Sénat, dans la séance publique du vendredi 7 juillet 1865, un rapport qui a paru dans le *Moniteur* du lendemain, page 1004, 6e colonne, et que nous allons transcrire littéralement.

VI. Compte-rendu du Moniteur de l'Empire français, relativement aux six pétitions qui précèdent.

Les affaires traitées dans les 67 pétitions dont j'ai maintenant à vous entretenir, messieurs les sénateurs, n'ont pas jusqu'à présent été portées devant vous. 45 ont pour objet de provoquer des mesures que leurs auteurs croient être d'intérêt général; les 22 autres ont pour unique mobile des intérêts privés.

Aucune des pétitions qui rentrent dans la première catégorie ne justifie suffisamment, selon nous, l'appel fait par les signataires à la haute intervention du premier corps de l'Etat. L'analyse succincte que j'en vais faire, et à laquelle je n'aurai besoin de rien ajouter dans la plupart des cas, vous en convaincra certainement.

Mais il en est quatre que nous croyons devoir être repoussées par la question préalable, et dont je dois vous entretenir tout d'abord.

Elles portent les nos 175, 176, 177 et 178, et émanent toutes quatre du sieur Roustan, libraire à Versailles, qui a jugé à propos d'y joindre trois brochures dont voici les titres : *Subtilités de la librairie parisienne. — Des réformes urgentes à opérer dans l'administration de l'Enregistrement et des Domaines. — Comparaison de la loi belge et de la loi française en matière de succession.*

Le sieur Roustan demande, dans sa première pétition : 1º l'abrogation des lois de sûreté générale; 2º une indemnité à raison de l'interdiction en France, prononcée par l'autorité supérieure, de deux ouvrages publiés par lui à Bruxelles, et intitulés, l'un : *De l'insuffisance du traitement des préposés de l'Enregistrement et des Domaines*; l'autre : *Le libre échange, la douane et les contrebandiers.*

La seconde pétition tend à faire retirer le recouvrement des amendes et frais de justice aux employés de l'Enregistrement et des Domaines, pour le confier à l'administration des contributions directes.

La troisième contient le vœu de l'abolition du décime et du double décime, et diverses propositions de modification des lois sur l'enregistrement.

Enfin, la quatrième entretient le Sénat de fraudes qui se commettraient dans les ventes publiques, notamment dans les ventes de livres et des moyens d'y remédier.

Ces pétitions et les brochures qui les accompagnent contiennent des accusations si violentes contre *plusieurs de nos lois fondamentales* et *de nos fonctionnaires les plus estimés*, que votre commission a dû s'enquérir des antécédents et de la situation actuelle du pétitionnaire.

D'après les renseignements qu'elle a recueillis, le sieur Roustan, *par l'exaltation de ses idées et la difficulté de ses rapports avec les autorités et le public, s'est vu fermer la carrière de l'enregistrement* dans laquelle il était entré en 1847. *Plusieurs fois enfermé à Bicêtre et à Charenton,* considéré comme démissionnaire en 1856, à la suite d'un refus de service, il n'a cessé de poursuivre de ses attaques les fonctions naires auxquels il attribuait sa disgrâce, et de faire paraître des ouvrages dont les uns, publiés en France, lui ont attiré des condamnations correctionnelles, et les autres, publiés à l'étranger, ont dû être interdits par mesure administrative.

Arrêté en 1859 à Valenciennes, pour avoir tenté d'introduire frauduleusement un de ses pamphlets en France, *il ne dut sa liberté qu'à son insanité d'esprit reconnue.*

Depuis lors, au lieu d'exercer paisiblement à Versailles la profession de libraire qu'il avait embrassée, le sieur Roustan s'est exposé à de nouveaux démêlés avec la justice, et le 8 mars dernier *il a été frappé d'une condamnation par le tribunal correctionnel de Versailles*, pour apposition d'affiches sans autorisation.

Ces détails, qu'il était nécessaire de fournir au Sénat, lui feront comprendre quel est, au fond, le caractère des quatre pétitions dont il est saisi. Dans notre conviction, le pétitionnaire a moins en vue les prétendues réformes qu'il réclame que la publicité du *Moniteur* pour une analyse plus ou moins étendue *d'écrits dangereux et diffamatoires* et *la satisfaction de coupables ressentiments*. C'est pourquoi nous proposons au Sénat de ne pas arrêter plus longtemps son attention sur les élucubrations du sieur Roustan.

VII. Observatoins du pétitionnaire.

Il nous paraît tout à fait certain que M. le baron HAUSSMANN, sénateur et préfet de la Seine, a été induit en erreur, sur notre compte, par des *calomnies administratives* sur lesquelles il ne nous est pas permis de nous expliquer clairement ni avec détail.

On a pu voir, en dernier lieu, par le texte même de nos pétitions, que nous n'avons attaqué aucune loi fondamentale (à moins que les lois de sûreté ne soient considérées comme telles), et que les fonctionnaires si estimés dont nous avons à nous plaindre ont, en effet, commis à notre préjudice des abus de pouvoir, par suite de rancunes personnelles, ou circonvenus par de faux rapports.

Quant à l'affirmation, si cruelle pour moi, ma femme et mes cinq enfants, et pour mes nombreux parents naturels ou par alliance, disséminés, comme notaires, fonctionnaires publics, militaires, négociants et rentiers, dans toute l'étendue de la France; quant à l'affirmation que j'aurais été enfermé plusieurs fois, en qualité de fou, à Charenton et à Bicêtre, et qu'en 1859, à Valenciennes, je n'aurais dû ma liberté qu'à mon insanité d'esprit reconnue, ce sont d'horribles calomnies que les lois sur la diffamation ne me permettent point de détruire par la publication des pièces justificatives, et que j'ai déjà réfutées, mais en partie seulement, dans une brochure qui a pour titre : *Un délire impérial*. En cas de mort subite et imprévue, on trouvera, dans mes papiers, une réfutation entière et péremptoire de toutes ces calomnies administratives.

L'accusation est d'ailleurs contradictoire : car, s'il faut s'en rapporter au *Moniteur de l'Empire français,* je serais un *fou* qui n'agit que *pour la satisfaction de coupables ressentiments,* c'est-à-dire que je serais à la fois un *fou* et un *criminel,* termes qui, selon l'expression du poète, hurlent de se trouver ensemble, puisqu'on ne peut être criminel qu'autant qu'on n'est pas fou.

Et, d'une autre part, quand il est bien constaté qu'un individu est fou, on continue de le détenir, s'il est déjà enfermé au lieu qu'en ce qui me concerne, on m'aurait mis en liberté, contrairement au bon sens et à tous les usages, après s'être bien convaincu que j'étais un fou et un fou dangereux.

Les causes de ma condamnation, par le tribunal correctionnel de Versailles, à trois mois d'emprisonnement, sont expliquées dans une brochure dont je suis l'auteur et qui a pour titre : *Plus de lois de sûreté générale!* J'ai prouvé, dans cette brochure, que je n'avais commis aucun délit. Aussi, ma peine, réduite à quinze jours par la Cour impériale de Paris, a-t-elle été mise à néant par Sa Majesté l'Impératrice, grâce que je n'aurais certainement pas obtenue, si le délit, surtout en pareille matière, avait été sérieux (V. la note 2, page 44).

On a pu voir en outre, par le texte même des pétitions, que c'est en tout bien et en tout honneur que je suis sorti des rangs de l'Administration de l'Enregistrement et des Domaines, que j'ai toujours servie avec beaucoup de zèle et d'intégrité.

Aux yeux de tout ami de la justice, j'ai même droit à être replacé avec avantage (V. la 3ᵉ note, p. 45).

Quant au pamphlet à raison duquel j'aurais été arrêté en 1859, à Valenciennes, pour avoir tenté de l'introduire frauduleusement en France, j'affirme que ce prétendu pamphlet n'est autre chose qu'un ouvrage entièrement inoffensif aux yeux de la loi, qui m'a été inspiré par les sentiments les plus louables, et qui a pour titre : *Le libre-échange, la douane et les contrebandiers.* J'accepte, devant les tribunaux, la responsabilité de cet écrit, *que j'aurai l'honneur de mettre prochainement sous les yeux de Sa Majesté Impériale,* et dont j'ai placé moi-même plusieurs exemplaires à Valenciennes, dans l'intérêt des malheureux que la Douane, ainsi que je l'ai prouvé, détenait illégalement pendant des années entières.

Enfin, le *Moniteur* m'accuse d'avoir publié *des écrits dangereux et diffamatoires*.

J'avoue que j'ai toujours combattu des abus invétérés et l'incapacité administrative qui ne savait pas s'en défaire.

Mais j'ai rendu justice en même temps au vrai mérite, et je n'ai jamais décliné, devant les tribunaux de mon pays, la pleine responsabilité de toutes mes publications.

Voici, dès lors, quelques extraits des pamphlets que le *Moniteur* qualifie de dangereux, et qu'on a, bien injustement, fait saisir à la frontière, ou condamner par les tribunaux avec une inintelligente rigueur.

I

1° Page 154 *Des réformes urgentes.*

Au nom des intérêts publics, au nom de la morale, au nom de l'énorme responsalité qui pèse sur le chef du gouvernement, c'est donc l'Etat, toujours l'Etat, rien que l'Etat, qui, de tout temps et avec l'assentiment de tous les législateurs, a eu la haute main dans les administrations et, surtout, dans les administrations financières.

Dès lors, et comme ROEDERER, nous ne voulons pas, sous le nom nouveau d'administration centrale, *une ferme constituant un corps indépendant au sein de l'Etat* ; un grand corps dont les hauts chefs, choisis exclusivement dans les cadres administratifs, auraient pour mission principale de résister au pouvoir et de maintenir, dans l'intérêt seulement de quelques-uns et au préjudice de l'intérêt général, les plus monstrueux priviléges ; comme ROEDERER, nous voulons *laisser les perceptions entièrement dans les mains de l'Etat ; nous voulons que l'impôt ne devienne pas la propriété de quelques individus* ; nous voulons que *l'armée fiscale soit à l'Etat et non à des particuliers* ; comme ROEDERER en un mot, nous ne voulons pas *un Empire dans l'Empire et puissant contre l'Empire !*

2° Page 163 du même ouvrage *Des réformes urgentes.*

Au point de vue politique, l'administration de l'Enregistrement et des Domaines exige aujourd'hui de ses préposés la plus grande réserve, et elle verrait de mauvais œil qu'on se prononçât ouvertement même en faveur de Sa Majesté Napoléon III. Elle prétend que ses employés ne sont pas des agents politiques, et que la prudence seule leur commande de rester neutres. Aussi est-elle très-disposée à servir tous les gouvernements passés, présents et futurs : d'abord la république, puis l'Empire ; ensuite, si la chose n'était pas impossible, la légitimité, l'orléanisme, et même les régimes innomés et barbares.

Malheureusement, quand il s'est agi de gouvernements autres que celui de Napoléon III, cette jurisprudence n'a pas toujours été la même. Ainsi nous avons entre les mains les originaux de deux circulaires adressées, *en vertu d'ordres supérieurs*, par un chef de service de département, à tous les préposés de son ressort. Dans l'une de ces circulaires, *on applaudit à la chute de l'Empire et l'on accueille nos ennemis comme des libérateurs*. L'autre document contient des invitations, *sous peine de disgrâce, à voter et à faire voter pour la légitimité*. L'administration des domaines ne s'est donc montrée tiède que pour le gouvernement Impérial : or, cette tiédeur recèle une hostilité secrète dont la cause est facile à comprendre.

Napoléon 1er avait imprimé à toutes les administrations une impulsion vigoureuse ; il savait discerner et récompenser le mérite ; mais il exigeait qu'on travaillât sérieusement et qu'on fût à la hauteur de ses fonctions. Depuis lors, les abus, l'incapacité, l'indolence et le gâchis se sont introduits dans le monde financier ; ce n'est plus le chef de l'Etat qui dicte la loi, ce sont les bureaucrates ; et comme Napoléon III marche sur les traces de son oncle, on redoute sa main intelligente et sûre, on craint de perdre des priviléges dont on s'est fait une douce habitude, et l'on s'accommoderait beaucoup mieux du régime des rois fainéants et des maires du palais.

II

EXTRAITS DE L'INSUFFISANCE DU TRAITEMENT DES PRÉPOSÉS DE L'ENREGISTREMENT ET DES DOMAINES.

Ouvrage imprimé à Bruxelles, en 1859, par M. Guyot, rue de Pachéco, n° 12, et dont l'introduction en France a été prohibée par décision de S. Exc. M. le ministre de l'intérieur, rendue sur les observations de M. TOURNUS, alors directeur général de l'Enregistrement, des Domaines et du Timbre.

1° Page 297, note.

Celui qui, soutenu par une foi intérieure, n'a pas le courage de supporter les épreuves les plus dures et les plus humiliantes, de se nourrir,

au besoin, avec cinq centimes de pain par jour, en restant couché et en se
serrant le ventre avec un mouchoir, pour ne pas trop sentir les angoisses
de la faim ; celui qui s'effraie d'une telle position et qui même en aurait
honte, celui-là ne doit point secouer le joug de la servitude, ni se mêler
d'être réformateur.

Je n'ai plus confiance en M. G..., depuis qu'il n'a pas craint d'avouer
publiquement qu'il ne croyait qu'à la puissance de l'or, et qu'étant né
riche et ayant toujours été riche, il a mangé toutes les fois qu'il a eu
faim et a bu toutes les fois qu'il a eu soif. Plus j'ai trouvé en lui l'étoffe
du *jurisconsulte*, moins j'y ai trouvé celle du *réformateur*.

Des caractères formés par la bonne chère et l'opulence ne sont pat
suffisamment énergiques et sont trop faciles à dompter : avec une simple condamnation à un mois d'emprisonnement et à quelques mille
francs d'amende, ils seront effarouchés et démoralisés tout de bon, et
l'on n'aura pas beaucoup de peine à leur fermer la bouche.

Les réformateurs sérieux doivent être pauvres, comme le Christ et
ses disciples, et n'avoir pas même une pierre où ils puissent reposer leur
tête.

Les hommes de ténèbres et d'iniquités n'auront ainsi aucune prise
sur eux ; et, en les faisant même envoyer en prison, ils leur assureront
gratuitement un logement commode et une nourriture plus succulente
que celle qu'ils avaient chez eux.

D'après Montesquieu (*Grandeur et décadence des Romains*, chapitre IV), l'or et l'argent s'épuisent ; mais la vertu, la constance, la
force et la pauvreté ne s'épuisent jamais.

Je l'avoue donc à mon tour, sans fausse honte comme sans orgueil,
c'est à ma seule pauvreté, c'est à mes misères et à mes souffrances, *sanc-
tifiées par mes sentiments religieux*, que je dois le peu de talent que
je puis avoir, et, surtout, le courage et la ténacité sans lesquels le réformateur n'est pas possible !

2° Page 311.

Il y a longtemps qu'on l'a dit : en ne s'appuyant que sur des comparaisons, on prouverait les choses les plus absurdes. Non, il n'est pas
vrai que l'iniquité triomphante soit le pot de fer, et le droit et la justice
méconnus, le pot de terre ! Non, il n'est pas vrai que le monde administratif doive gémir éternellement dans l'oppression et l'esclavage !

Le droit et la justice, obscurcis quelquefois, il est vrai, ont bientôt
prévalu et repris leur légitime empire. La conscience humaine a toujours protesté contre le désordre moral ; et la voix de tous les siècles,
recueillie et conservée dans l'histoire, en est un monument certain.

**Le pot de terre, c'est le lâche ; le pot de fer, c'est
l'homme courageux !** Le pot de terre, c'est la démagogie aussi
insensée qu'impuissante ; le pot de fer, c'est l'homme résolu, le profond
politique qui, dans une nuit à jamais célèbre, sut arracher la France
aux convulsions de l'anarchie !

Le pot de terre, c'est l'homme superbe enflé de son pouvoir et résistant aux demandes les plus raisonnables ; le pot de fer, c'est l'homme obscur et modeste comptant sur Dieu et son bon droit. Le pot de terre c'est l'orgueilleux Aman, qui ne sent point que son pouvoir s'écroule et qui continue à se montrer aussi insolent que servile ; le pot de fer, c'est le juif Mardochée, c'est le mendiant courageux et couvert de haillons, que Dieu suscite pour sauver son peuple !

Le pot de terre, c'est le roi de la bourgeoisie corrompue, violant les principes élémentaires de son propre gouvernement et manquant à li, fois de force et de prudence ; le pot de fer, c'est la France entière se soulevant au cri de *la réforme* et, après bien des oscillations, substituant, pour le bonheur de tous, à l'ignoble et versatile gouvernement des écus, l'énergique et stable gouvernement de la bravoure et de l'honneur !

3º Page 307, note 2.

J'ai placé depuis longtemps mes plus solides espérances dans le *gouvernement énergique, mais aussi intelligent que paternel*, de Sa Majesté l'Empereur. Tant pis pour les aveugles et les incrédules, tant pis pour les fonctionnaires inexpérimentés qui méconnaissent le profond génie politique de Napoléon III !

4º Page 347, note.

Quelque système que l'on adopte, il est bien difficile, *dans un grand État*, qu'il ne soit pas faussé en plus ou en moins. Avec la liberté pleine et entière, on a bientôt la licence et l'anarchie, et les horribles massacres du mois de juin 1848. Avec le respect de l'autorité, le pouvoir dégénère quelquefois en despotisme absolu et devient le régime de l'arbitraire et du bon plaisir.

Ce dernier inconvénient est moins dangereux que le premier, parce que, *dans une société profondément corrompue*, un gouvernement fort contient tout au moins les passions mauvaises et empêche les citoyens de s'entr'égorger fraternellement. Le gouvernement lui-même, précisément parce qu'il est fort,(1) et qu'il a intérêt à ne point mécontenter l'opinion, réprimera les abus bien mieux que notre ancien régime constitutionnel, *tant regretté par la coterie centrale* et qui, grâce à sa faiblesse, n'a su enfanter que le désordre et le gâchis.

Cela est tellement vrai que moi, qui suis RÉPUBLICAIN HONNÊTE *et qui le serai toute la vie,* je n'ai jamais proposé la moindre réforme aux incapacités du gouvernement provisoire, tandis que je m'adresse sans hésiter au gouvernement actuel, *avec la certitude d'être compris et de réussir.*

(1) L'Empereur comptait toujours sur lui-même : il avait naturellement du courage, c'est-à-dire de cette vertu qui est le sentiment de ses propres forces.
(MONTESQUIEU, *Grandeur et décadence des Romains,* chap. 11.)

Je puis donc le dire publiquement, et je parle d'après expérience : Sa Majesté l'Empereur est un très-honnête homme, qui veut sincèrement le bonheur et la gloire de la France, et qui a pour principe de protéger les honnêtes gens de tous les partis ; mais il ne saurait, sans manquer à ses devoirs, tolérer des doctrines pernicieuses et laisser une pleine liberté à des démagogues aussi absurdes qu'incorrigibles. La liberté de l'insulte et de la calomnie sera toujours une liberté déplorable qui, tôt ou tard, fera couler le sang le plus précieux : c'est donc d'après les résultats et l'histoire en main, que l'on peut juger de la bonté des doctrines démagogiques (Rapprocher cette appréciation des *pasquinades* de M. Glais-Bizoin. — Corps législatif, séance du mardi 27 février 1866).

5° Extrait d'une brochure publiée en 1853, et reproduite en partie et en note à la page 357, *De l'insuffisance des traitements*.

Daignez ne point vous offenser, Sire, d'une hallucination de l'orguei.; mais, depuis le moment bienheureux où j'eus l'avantage de vour voir de près, une voix intérieure ne cesse de me dire de m'adresser à vous, à vous qui avez souffert comme moi, à vous qui longtemps fûtes persécuté, méconnu, calomnié de la manière la plus indigne ; à vous qui, par les vicissitudes orageuses de votre vie, par votre langage aussi noble que modeste, après une élévation que vous ne devez qu'à Dieu et à votre mérite personnel, fournissez une éclatante et nouvelle preuve qu'il existe des hommes prédestinés, des âmes d'élite que la Providence forme par le malheur et qu'elle entoure d'une protection spéciale.

Eh bien ! cette voix intérieure semble me dire de plus en plus que vous seul, Sire, vous seul êtes en état et de me comprendre et de m'apprécier.

6° Page 365, note 2.

Avec de la fermeté et de la persévérance, j'espère, en effet, arriver jusqu'à Sa Majesté l'Empereur : le passé pourrait bien être garant de l'avenir.

Le 30 janvier 1853, jour du mariage religieux de Leurs Majestés Impériales, m'avançant en tête de l'immense foule qui remplissait le jardin des Tuileries, et me plaçant en face et presque au-dessous du pavillon de l'horloge, je tentai de lire à haute voix, vers quatre heures du soir, au moment où Leurs Majestés se présentèrent sur le balcon, une pièce de vers que je venais de composer. J'en tenais à la main un brouillon informe et indéchiffrable, que je n'avais pas eu le temps de mettre au net.

Sa Majesté l'Empereur s'aperçut de mes démarches, fit un signe de sa propre main, et, pensant que j'avais à lui remettre quelque pétition, IL daigna m'envoyer à l'instant même un de ses écuyers, M. le vicomte de Romans.

Je répondis à ce dernier que mon unique but avait été de me livrer à l'élan enthousiaste de mon cœur, et de lire une pièce de vers relative à la cérémonie actuelle ; que j'avais, en effet, une pétition importante à faire parvenir à Sa Majesté, mais que cette pétition n'était pas encore prête.

M. le vicomte de Romans m'ayant demandé une copie de mes vers, je lui expliquai l'impossibilité dans laquelle j'étais de déférer à ses désirs, en lui présentant mon brouillon et en lui déclarant que je n'en avais fait aucune copie.

Les choses en restèrent là.

La pétition qui n'était pas encore prête, est celle que je fais, en ce moment, imprimer à Bruxelles, et qui se transforme en un volume complet.

Les vers que j'avais tenté de lire sont ceux que l'Impératrice elle-même m'avait inspirés (je les ai publiés, en 1865, dans mon *Anti-Labiénus*).

Dans la matinée du 30 janvier 1853, j'avais eu le bonheur de voir de près et bien distinctement Leurs Majestés, à la suite des cérémonies religieuses qui avaient eu lieu dans l'église de Notre-Dame, et au moment où la voiture impériale traversait la partie des quais qui longe les galeries du Louvre.

L'Empereur avait la figure sereine, le regard brillant et assuré : il paraissait fier de son bonheur et souriait à tout le monde. L'Impératrice, avec son costume de fiancée et avec la couronne impériale sur la tête, avait toute la grâce, toute la timidité d'une vierge pudique. Ce singulier contraste de la force et de la faiblesse, du génie et de la beauté, m'avait impressionné vivement : mon imagination en a même gardé un souvenir respectueux dont l'intensité n'a fait que s'accroître.

Malgré mes bonnes intentions, la démarche à laquelle je m'étais livré publiquement était aussi excentrique qu'inconvenante. Mon enthousiasme méridional et le prestige de cette belle journée pouvaient néanmoins me servir d'excuse.

La meilleure preuve dès lors qu'il vaut mieux s'adresser à Dieu qu'à ses saints résulte de cette circonstance que l'Empereur, d'accord avec le peuple qui m'entourait, ne blâma point ma hardiesse et me couvrit même de sa haute protection.

Aujourd'hui, samedi 17 février 1866, je complète cette citation de la manière suivante :

Si je ne craignais point de me donner une importance ridicule et que je n'ai certainement pas, je pourrais peut-être dire, avec quelque apparence de raison :

L'Empereur et moi sommes deux têtes faites pour nous comprendre.

Sa Majesté représente ce qu'il y a de noble et d'excellent dans le principe despotique. Je crois représenter, à mon tour, ce qu'il y a de noble et d'excellent dans le principe républicain : car l'Empire n'est, à mes yeux, que l'heureuse association du principe d'autorité avec le principe révolutionnaire !

III

Extrait d'un prospectus, en date, à Valenciennes, du mois d'août 1858, imprimé à Bruxelles, et immédiatement envoyé par la poste à tous les employés de l'Enregistrement et des Domaines.

Page 10 de ce prospectus.

C'est donc bien mal à propos que M. G. nous dit que, tant que la situation ne sera pas détendue et qu'il ne sera pas fait à la liberté une plus large part, il croira devoir imiter le silence prudent de la *presse politique;* nous faisant remarquer d'ailleurs que, si l'on a enchaîné la presse, on n'a pas supprimé la plume et que, tant qu'un semblable levier reste, on peut toujours attendre et espérer. Cette insinuation calomnieuse contre les institutions de Sa Majesté l'Empereur est sans doute le résultat d'un malentendu déplorable.

Si M. G. avait fixé sa résidence à Paris et qu'il eût étudié, sur les lieux mêmes, les mœurs et les habitudes des ouvriers et autres révolutionnaires de bas étage, il aurait pu se convaincre que les horribles excès de 1793 et les non moins horribles massacres du mois de juin 1848 ont eu pour cause première les coupables excitations des journaux démagogiques. Le silence qu'on leur impose est donc une mesure de haute sagesse et de salut public.

Dans un Etat bien constitué, il faut, avant tout, l'unité du pouvoir, et une direction ferme et intelligente; car, ainsi que l'Evangile nous l'enseigne (St Matthieu, chap. XII, v. 25) : « Tout royaume divisé contre « lui-même sera réduit en désert, et toute ville ou toute maison divisée « contre elle-même ne subsistera point ! » Ainsi, bien que je sois RÉPU-BLICAIN HONNÊTE, c'est-à-dire ennemi des abus et partisan énergique de l'égalité devant la loi, je ne veux point, sous le nom de journalisme et de liberté de la presse, de gouvernement dans le gouvernement et de censeurs sans mandat et sans instruction suffisante, pas plus que je ne veux d'administration financière indépendante du pouvoir, et constituant un empire dans l'empire et puissant contre l'empire. Je ne disconviens pas cependant que, *si nos mœurs étaient pures*, la presse, en contrôlant les actes de l'Autorité, ne pût rendre des services. Mais j'affirme, avec non moins de raison, que, dans l'état présent des choses et avec nos passions irascibles, cette liberté aurait beaucoup plus d'inconvénients que d'avantages, et amènerait beaucoup plus de désordres qu'elle ne préviendrait d'abus.

Mais de la **COMPRESSION INTELLIGENTE ET NÉCESSAIRE DE LA PRESSE POLITIQUE** tirer des conséquences absurdes et penser qu'aujourd'hui il n'y a plus de place pour les réformateurs sérieux, c'est faire preuve de peu d'expérience et d'un jugement bien étroit. Si les idées saines doivent être mûries dans le calme de la solitude ou dans la tranquillité du cabinet, un gouvernement fort et intelligent est aussi le seul qui sache les apprécier et qui, lorsqu'il faut arriver à l'application, ait en main assez de pouvoir pour franchir tous les obstacles qu'une démagogie à la fois insensée et ridicule ne manquerait pas de soulever. Quand la presse est absolument libre (dans un pays et dans un grand Etat comme le nôtre, une telle liberté sera toujours dangereuse), *quand la presse est entièrement libre, les énormes sottises que nos demi-savants font imprimer tous les jours étouffent les bonnes idées et les empêchent d'aboutir. C'est donc du gouvernement de Sa Majesté l'Empereur que j'attends la prompte réalisation des réformes que je poursuis, et j'ai la certitude, Dieu aidant, que mon espoir ne sera pas déçu.*

On peut juger, par toutes ces citations fidèles et textuelles, s'il est vrai, comme le *Moniteur* m'en a publiquement accusé, que j'aie jamais écrit, contre le gouvernement de Sa Majesté l'Empereur, des pamphlets politiques de nature à provoquer et à faire maintenir mon arrestation.

Si l'accusation est calomnieuse, cette étrange et subite arrestation, opérée à Valenciennes, à dix heures du soir et en pays étranger, au moment où je traversais la frontière avec ma femme et mes jeunes enfants; cette arrestation arbitraire et ma détention prolongée pendant dix-sept jours, en compagnie de tous les malfaiteurs, n'en furent que plus déplorables et plus cruelles, pour moi bien certainement, et plus encore pour ma femme.

Ce n'est donc point sans raison qu'à la page 104 de mes *Subtilités de la librairie parisienne,* et en note, je disais en toute assurance :

« A tout prendre, Natsuor (c'est mon nom renversé), Natsuor est un réformateur inconnu, un écrivain qui obéit à une voix intérieure et qui, poussant une idée jusqu'au bout et ayant le courage de son opinion, ne s'inquiète nullement des conséquences et n'est intimidé ni par les menaces des méchants, ni par la perspective de la prison, toujours réservée aux réformateurs calomniés ou incompris.

« Natsuor, traité tantôt de fou, tantôt de mortel raisonnable, et condamné judiciairement ou administrativement pour *simple délit de presse*, a tour à tour habité, pour fort peu de temps, il est vrai, *Charenton*, *Bicêtre* et *Sainte-Pélagie*. Il se trouvait dans cette dernière prison, toute pleine encore des souvenirs de Béranger, au moment où ce grand poète rendait le dernier soupir.

« Il paraît qu'à travers tant de persécutions et d'infortunes, Natsuor, soutenu et protégé par son bon ange, n'a nullement vieilli; et il faut, malgré ses quarante-deux ans bien complets, qu'il ait encore la figure d'un jeune homme, comme il en a l'énergie et la vivacité, puisque M. le président ou M. le greffier ne lui donnent (et cela est écrit en toutes lettres) qu'un âge de trente-deux ans. Or, Natsuor est né à La Roquebrussane (Var), le 20 décembre 1821, et des langues malveillantes affirment qu'il a la tête aussi dure que les rochers de son pays natal. M. le président ou M. le greffier, ou tous les deux peut-être, lui ont fait dès lors la gracieuseté de le rajeunir de dix ans. S'il avait encore des prétentions auprès du beau sexe, il devrait être flatté d'une erreur de cette nature. Mais, père de cinq enfants vivants, sans compter les quatre qui sont morts. il a trop renoncé aux vanités de ce monde, pour aspirer à d'autres conquêtes que celles du divin Maître qui a dit :

« *Ne craignez point ceux qui peuvent emprisonner ou détruire le* « *corps, mais qui sont impuissants à tuer l'âme;* » car le réformateur s'évanouit et passe, mais ses idées sont immortelles! »

(2) Note relative à la page 35.

Comme preuve que nous n'avions violé aucune loi, nous allons citer textuellement la lettre que nous avons adressée à S. Exc. M. le ministre de la justice, et qui ne nous a point empêché d'obtenir notre grâce.

Cette lettre est ainsi conçue :

« Versailles, le lundi 19 juin 1865.

« Monsieur le ministre,

« La dame Mélanie-Louise-Tullie Mareau, ma femme, libraire à Versailles, rue d'Anjou, n° 12, a exercé un recours en grâce relatif à ma condamnation, par arrêt de la Cour impériale de Paris, du 26 avril 1865, à quinze jours d'emprisonnement, pour manque de respect aux lois de sûreté générale.

« Je ne puis souscrire aux motifs invoqués par ma femme, pour appeler la commisération en ma faveur. Si je me suis d'abord prêté à une telle démarche, ce n'était qu'à cause de mes cinq enfants et pour avoir la paix chez moi.

« Mais, comme j'ai la conscience de n'avoir commis aucun délit, ni même aucune contravention, ainsi que l'établit, à ce que je crois, la brochure ci-jointe (l'*Anti-Labiénus*), j'ai l'honneur de vous faire connaître Monsieur le ministre, que je n'accepterai ma grâce, dans le cas où elle me serait accordée, qu'autant qu'elle aura pour seule et unique cause mes bons sentiments envers l'Empereur et son auguste famille, et l'absence dès lors, en ce qui me concerne, de toute intention coupable. »

NOTA. Une grâce intervenue comme réponse à une lettre aussi précise équivaut, évidemment, à un arrêt d'absolution.

---

(3) Note relative à la page 35.

Nos prétentions ont toujours été des plus modestes. Voici, en effet, la demande, *fortement appuyée par Mgr l'évêque de Versailles*, que nous avons adressée, au mois de septembre 1865, à l'honorable M. Roy, directeur général actuel de l'Enregistrement, des Domaines et du Timbre; demande suivie d'une solution négative donnée verbalement.

« Monsieur le directeur général,

« Indirectement encouragé par M. le président de la Cour impériale
« de Paris, l'honorable M. Haton de la Goupillière, qui certifierait au
« besoin que la position du pétitionnaire lui paraît digne d'intérêt, le
« soussigné, Honoré-Joseph-Fortuné Roustan, ancien receveur de l'En-
« registrement, des Domaines et du Timbre, à Caylus, département de
« Tarn-et-Garonne, et, en dernier lieu, à Fresnes-Saint-Mamès (Haute-
« Saône), et, en outre, fils, gendre et neveu d'employés de cette admi-
« nistration, le soussigné a l'honneur de solliciter de votre bienveillance
« particulière l'emploi de garde-magasin-contrôleur de comptabilité, à
« Paris ou à Versailles, de contrôleur des successions, ou de surveillant
« à l'atelier général du Timbre, à Paris, ou enfin l'emploi de commis
« d'ordre ou de commis expéditionnaire à l'administration centrale.

« Le pétitionnaire prend l'engagement formel de correspondre à vos
« bontés par sa conduite.

« Père de cinq enfants et obligé de pourvoir à leurs besoins, il se
« soumet même à remplir, d'abord à titre d'auxiliaire et ensuite
« définitivement, les modestes fonctions de commis expéditionnaire. »

Nota. Une demande aussi modérée et fondée sur des titres incontestables
paraissait susceptible d'être accueillie : on ne peut donc se tenir pour battu.

VIII. Dernières observations du pétitionnaire.

Je crois avoir prouvé suffisamment que, sous aucun rapport,
je n'ai mérité la *diatribe involontaire* contenue dans le numéro
du *Moniteur* du samedi 8 juillet 1865, page 1004, 6e colonne.

M. le baron Haussmann, ancien préfet du département du
Var, et qui, à Draguignan qu'habitait ma famille et où il a vu
plus d'une fois mon père dans ses salons, a laissé la réputa-
tion méritée d'un très-honnête homme et d'un excellent admi-
nistrateur, M. le baron Haussmann, rapporteur des pétitions
que javais adressées au Sénat, a été, évidemment, induit en
erreur sur mon compte.

Cette erreur a une double cause :

Sur la première cause de l'erreur et à raison de sa nature
très-délicate, je ne pourrai m'expliquer qu'à Sa Majesté l'Empereur lui-même.

La seconde cause de l'erreur est celle-ci :

Un plagiaire ou pillard de haut parage s'était inspiré ou
emparé de mes ouvrages et de mes brochures, et les avait
même dénaturés par une *fiscalité outrée et qui n'entra jamais
dans ma tête*. Or, cette inintelligente fiscalité fut la seule cause
du juste rejet d'un projet de loi que je désavoue aussi et dont
je n'entends point être déclaré responsable.

Ce serait dès lors pour se soustraire à ce reproche de plagiaire ou pillard que l'on m'a fait passer pour fou, afin d'éviter
contre soi l'application de la célèbre maxime : *Sic vos non
vobis*, maxime qui sera éternellement vraie, tant qu'il y aura

des geais impudents et sans mérite qui aimeront à se parer dans l'ombre des plumes du paon.

Mais, pour les démasquer et les remettre à leur place, il suffira, comme je viens de le faire, de publier les pièces justificatives !

IX. CONCLUSION GÉNÉRALE.

> 1. Ce n'est pas d'aujourd'hui que j'ai lieu d'admirer la haute impertinence des jugements humains. Ma philosophie là-dessus est toute d'expérience. Il y a peu de gens, mais bien peu, dont je recherche le suffrage ; encore m'en passerais-je au besoin (Paul-Louis COURIER, *Lettre à M. Bosquillon*).
>
> 2. Celui qui se tient ferme à la vérité, quoiqu'il choque d'abord et passe pour ridicule, ne doit pas désespérer de voir quelque jour la vérité qu'il défend triompher de la préoccupation des hommes.....
>
> Mais, pendant leur vie, qu'ils s'attendent d'être négligés de la plupart des hommes, et méprisés, calomniés, persécutés par les personnes mêmes qu'on regarde comme très-sages et très-modérées (MALEBRANCHE, *Recherche de la vérité*, préface).

Ainsi que je l'expliquerai dans mon ouvrage : *A quelles conditions l'Empire sera éternel*, pour que le droit de pétition soit sérieux, il est indispensable que les citoyens aient au moins, comme devant les tribunaux ordinaires, deux degrés de juridiction : le Sénat d'abord, et, ensuite, le Corps législatif.

Mais, pour prévenir toute espèce d'abus, la pétition ne serait portée devant le Corps législatif qu'autant qu'un député, après l'avoir examinée avec soin, jugerait convenable de la soumettre à ce deuxième degré de juridiction.

Les documents que nous venons de produire prouvent, avec

une entière évidence, que, devant le Sénat, la discussion des pétitions n'est pas toujours sérieuse.

C'est, dès lors, au moyen de la liberté des pétitions devant le Corps législatif, considéré comme un deuxième degré de juridiction réellement utile et indispensable, c'est au moyen du droit de pétition devant le Corps législatif, qu'à notre point de vue l'édifice impérial sera couronné, conformément à nos propres paroles imprimées dès l'année 1853 :

« Je ne puis approuver le commode optimisme.

« Faibles, mais dévorés d'un immense égoïsme,

« Les partis, trop nombreux, ne tombent point d'accord :

« Il faut donc, avant tout, un gouvernement fort ;

« Et, pour nous préserver de la guerre civile,

« L'Empire est, à mes yeux, éminemment utile,

« Cette institution, avec la liberté,

« Pouvant faire longtemps notre prospérité !

ET CE SERA JUSTICE !

FIN DES RÉCLAMATIONS DU MENDIANT EN HABIT NOIR.

Imprimé par Charles Schiot, rue Soufflot, 18.